A. DE MALARCE

NOUVELLE LOI ORGANIQUE ANGLAISE

ET ACTES LÉGISLATIFS RÉCENTS AUX ÉTATS-UNIS

POUR RENFORCER LA SURETÉ

DES

CAISSES D'ÉPARGNE

(Extrait du Numéro de Novembre 1891 du *Journal des Economistes*,
Revue mensuelle de la science économique et de la statistique.)

(NOUVELLE ÉDITION.)

PARIS
LIBRAIRIE GUILLAUMIN ET Cⁱᵉ
14, Rue Richelieu, 14

1893

NOUVELLE LOI ORGANIQUE ANGLAISE [1]

ET ACTES LÉGISLATIFS RÉCENTS AUX ÉTATS-UNIS

POUR RENFORCER LA SURETÉ

DES

CAISSES D'ÉPARGNE

Le gouvernement anglais vient de promulguer la nouvelle loi organique sur les caisses d'épargne (*Savings Banks Act*, 1891), dont le projet avait été présenté, par le chancelier de l'Échiquier, comme mise en œuvre des conclusions d'une commission spéciale instituée par le Parlement, le 21 mars 1889, sous la présidence du Très Honorable Ch. Shaw-Lefebvre, ancien ministre du dernier cabinet libéral [2]. Cette commission était chargée de rechercher les causes et les remèdes de nombreux désordres et de graves pertes révélés dans ces dernières années, par suite de la négligence ou de l'imprudence de certains administrateurs gratuits (*Trustees*), qui avaient laissé leur caisse d'épargne à la discrétion de leurs agents de confiance, *managers*, trésoriers ou caissiers, ou qui s'étaient livrés, sous motifs de placements fructueux ou de bonnes œuvres, à des placements hasardeux d'une partie des fonds de dépôt et des fonds de dotation (separate surplus) : désordres analogues à ceux qui ont été trop souvent constatés en France, notamment depuis le déficit de la caisse d'épargne de Tarare, révélé après quatorze ans d'irrégularités, en 1883, jusqu'aux déficits d'Annecy, Saint-Quentin, Noirmoutiers, etc., etc., et en 1891 encore, des caisses d'épargne du Mans, de Tournus-lès-Mâcon, de Guérande, etc., etc. La commission a conclu, de son enquête sur toutes les Savings Banks de

---

[1] La loi concerne tout le Royaume-Uni de Grande-Bretagne (Angleterre et Écosse) et d'Irlande.

[2] J'ai exposé ce rapport et ce Bill dans mes Conférences du Conservatoire national des Arts et Métiers sur les Enseignements d'expérience résultant des sessions quinquennales de 1878, 83 et 89 du Congrès universel des Institutions de prévoyance, fondé par notre Société des Institutions de prévoyance de France en 1876. Le présent travail résume cet exposé.

la Grande-Bretagne et de l'Irlande et des principaux pays du continent pour un grand nombre d'années, que dans les caisses d'épargne du Royaume-Uni, comme dans celles d'autres États, on ne pouvait s'assurer de la vigilance constante et de la prudente gérance des administrateurs gratuits (Trustees), qui ne paraissaient pas prendre assez au sérieux leur mission de dévouement public et encore moins leur responsabilité financière ; qu'il fallait donc alléger le plus possible la tâche de ces administrateurs gratuits, afin de laisser le moins possible à l'aventure, surtout dans ces institutions qui reposent sur la confiance populaire et qui peuvent être affectées dans leur ensemble par le désordre d'un seul établissement. Ce contre-coup d'une seule caisse d'épargne désordonnée sur la confiance publique à l'égard de toutes les autres caisses d'épargne d'un pays, a été constaté en France plusieurs fois, notamment après le déficit révélé de la caisse d'épargne de Tarare. Et c'est pourquoi les administrations les plus autorisées, les plus sages et les plus dévouées, telles que la Caisse d'épargne de Paris (voir son Rapport sur l'exercice 1890) et un très grand nombre d'autres, regardent comme un danger pour l'institution même toute mesure législative qui affaiblirait les règles de sûreté dans le maniement et la gestion des fonds des caisses d'épargne.

Ce danger est surtout considérable en ce moment où une panique vient d'ébranler la confiance populaire et de montrer combien est délicate et doit être ménagée la susceptibilité du peuple, de nos sept millions de déposants.

Et c'est ce que constate aussi le Rapport de la commission anglaise à la suite des déficits révélés dans les Savings Banks d'Epsom, en 1878, d'Alnwick, de Thame, de Newark, en 1879, de Cardiff, en 1886, etc. « Dans ces crises, l'émotion générale a été telle que les Trustees d'un certain nombre d'autres Savings Banks ont été alarmés et ont donné leur démission ou même ont décidé de fermer leur Savings Bank ».

En conséquence, dans l'intérêt des déposants, dans l'intérêt de l'institution même des Trustees Savings Banks, dont on reconnaît l'utilité à côté des Post-Savings Banks, la commission a conseillé, le Gouvernement a proposé et le Parlement a voté une nouvelle loi organique, dont le but est de renforcer les sûretés des caisses d'épargne ordinaires (Trustees Savings Banks). Cet Act, par son esprit et même par quelques dispositions, nous rappelle le projet de loi déposé le 6 juillet 1886 par MM. Sadi Carnot, Lockroy et Granet, ministres des Finances, du Commerce et des Postes, et le projet de loi de 1890 de MM. Jules Roche et Rouvier, ministres du Commerce et des Finances.

En maintenant la loi organique de 1863, qui prescrit le versement immédiat des fonds des dépôts et des fonds de dotation au *National Debt Office* (Caisse nationale d'amortissement et des dépôts, qui gère ces fonds en les plaçant en valeurs d'État ou valeurs garanties par l'État, *Parliamentary securities*), la loi nouvelle dispose, en outre, que les Trustees d'une Savings Bank ne pourront retirer une partie quelconque de leur fonds de dotation, géré par le National Debt Office, qu'après avoir obtenu l'autorisation des Hauts Commissaires de la dette nationale (Commission de surveillance de la Caisse nationale d'amortissement et des dépôts), qui auront examiné si le retrait demandé a pour objet une *dépense nécessaire* au service de la caisse d'épargne, suivant l'article 29 de la loi de 1863. Parmi les dépenses nécessaires, le National Debt Office admet l'acquisition ou la construction d'un édifice destiné aux services administratifs de la Savings Bank.

La loi nouvelle déclare, plus expressément encore que la loi de 1863, que le gouvernement n'est nullement responsable ni obligé pour l'argent versé dans les mains des Trustees, mais seulement pour l'argent versé par les Trustees au National Debt Office, et elle interdit aux caisses d'épargne toute désignation ou description qui donnerait à croire au public que le gouvernement est responsable ou obligé; en cas d'infraction, la Savings Bank peut être close, par un ordre des commissaires de la dette nationale aux termes de l'article 55 de la loi de 1863.

Peut être close aussi toute Savings-Bank qui ne produira pas ses comptes annuels dans le délai voulu, ou qui se refusera à une enquête ou à une inspection, ou qui ne réformera pas ses procédés ou ses dépenses conformément aux observations des commissaires de la dette nationale.

Avant de prononcer la clôture, mesure extrême, les commissaires pourront signaler la faute de la Savings-Bank dans la *Gazette Officielle* et dans les journaux de la localité.

Un Trustee dont l'absence non justifiée aura été constatée dans les réunions réglementaires du Comité d'administration ou du Conseil des Trustees, pendant un temps déterminé par la loi, sera rayé de la liste, mais il n'en restera pas moins responsable pour les actes de la Savings Bank accomplis avant sa radiation et durant son absence non justifiée.

La loi nouvelle institue un Comité permanent d'inspection et un corps d'inspecteurs, dont les frais seront payés par les commissaires de la dette nationale sur l'intérêt produit par les separate surpluses (fonds de dotation, dont le National Debt Office est le gérant), et ce jusqu'à concurrence de 6.000 liv. st. (150.000 fr.).

Enfin, l'une des dispositions nouvelles les plus importantes, et qui caractérise le mieux peut-être cette loi de plus grande sûreté, est celle-ci :

Lorsqu'en 1817, le Parlement édicta la première loi organique des caisses d'épargne, il motiva cette intervention du législateur sur ce que plusieurs des Savings-Banks établies en Angleterre depuis 1798, étaient gérées par des personnes imprudentes, ou incompétentes ou douteuses, « la sûreté du maniement et de la gestion des fonds des Savings Banks étant la première et la principale considération dans cette institution », disait l'illustre chancelier de l'Échiquier Van-Sittart ; le législateur prescrivit que les fonds seraient gérés par un service national placé sous la surveillance et la garantie directe du Parlement, et que ces fonds seraient employés exclusivement en valeurs dites sécurités parlementaires. Et l'on voit que, depuis trois quarts de siècle, les faits d'expérience ont bien donné raison à cette loi de 1817, confirmée en 1863 ; ce qui a paru aux libéraux hommes d'État d'Angleterre n'offenser en rien les principes de la liberté économique, puisqu'en Angleterre, comme en France d'ailleurs, tout particulier, seul ou en société commerciale, peut librement ouvrir un comptoir de dépôts à comptes courants, y recevoir les versements les plus minimes, et gérer ces fonds sous la responsabilité personnelle du directeur ou des associés. Mais si une banque veut se couvrir du pavillon national en prenant l'étiquette de Caisse d'épargne (de Savings-Bank), qui, pour le public, implique une certaine intervention, surveillance ou garantie de l'État, le législateur a le devoir de prescrire à ces Savings Banks des mesures de sûreté spéciales et strictes pour le maniement et la gestion des fonds, soit des fonds de dépôt, soit des fonds de garantie, surtout des fonds de garantie (en considérant que les fonds de garantie doivent être placés avec plus de soin encore que les fonds à garantir). Ainsi ont pensé M. Shaw-Lefèbvre et ses collègues du Select-Committee ; ainsi M. Hugh Childers, ancien chancelier de l'Échiquier dans le dernier cabinet libéral, qui a fort bien traité la question dans son discours savant et précis à notre troisième Congrès quinquennal universel des Institutions de prévoyance à Paris en 1889 ; ainsi le superintendant américain Hon. D.-C. Howel, dans un mémorable Rapport de 1870.

En 1817, lors de la première loi organique anglaise, comme quelques-unes des cinquante-trois Savings-Banks existantes en 1817 s'étaient constituées, non purement en œuvres philanthropiques, mais en la forme de petits comptoirs de comptes courants, le législateur crut devoir tolérer qu'à côté et en dehors, indépendamment de la caisse d'épargne soumise aux règles de la loi organique des Savings Banks, les Trustees, pesonnellement, et sous leur propre responsabilité, eussent la faculté de tenir cette sorte de comptoir de comptes courants, où ils recevraient des dépôts aux conditions qu'ils règleraient eux-mêmes, plaçant les fonds à leur guise, mais le tout sous leur responsabilité personnelle.

Très peu de Trustees ont profité de cette disposition d'exception ; on ne trouve aujourd'hui que dix-huit caisses d'épargne à côté desquelles fonctionne ce service industriel. Et l'enquête du Select-Committee parlementaire vient de mettre en évidence les inconvénients de ce système, en montrant qu'une perte, un désordre, dans un de ces comptoirs, affecte la confiance populaire à l'égard de la Savings-Bank, dont il est sans doute indépendant, mais dont il est voisin et semble solidaire. En conséquence, la loi nouvelle, dans son article 10, dispose que la faculté de ces dépôts et placements exceptionnels sera désormais interdite, sauf aux Savings-Banks qui l'exerçaient à la date du 1er juin 1891 ; et, pour ces dernières caisses d'épargne, elle limite la somme des dépôts à recevoir et détermine les valeurs de placement, en excluant les placements sur hypothèque et les prêts sur immeubles ruraux (*and shall not be invested on mortgage of land or any interest in land*).

Ainsi se caractérise le progrès de la législation des caisses d'épargne en Angleterre : par des mesures de la plus grande sûreté possible, par des mesures dictées par l'expérience de trois quarts de siècle, par l'expérience comparée des divers pays d'Europe et d'Amérique.

En Amérique, en effet, aux États-Unis, où les Savings Banks ont pris un si grand essor, dans ce pays de liberté et de progrès, l'expérience a conduit les législateurs aux mêmes tendances vers la plus grande sûreté ; l'Act de 1875 de l'État de New-York, bientôt imité par d'autres États, a déterminé une *liste précise* des valeurs de placement pour les fonds des caisses d'épargne (tolérant seulement les placements déjà faits en d'autres valeurs, jnsqu'à la date de la loi) ; et ces valeurs, expressément nommées par le législateur, sont les *bonds* de la Fédération, de certains États, des comtés et des villes, excluant formellement les valeurs « des railroad, bank and land mortgage company securities ».

Et en 1889, au Parlement de l'État de New-York, un député, bien connu à la Bourse de New-York, ayant voulu sonder le terrain parlementaire sur ce point, avait proposé d'ajouter à cette liste précise de valeurs de placement, une disposition qui aurait permis à une commission d'admettre certains autres bonds, le Parlement a répondu le 21 mai 1889, par un vote négatif en déclarant : *qu'une Commission administrative serait exposée à des influences accidentelles ou personnelles que seul pouvait assez dominer le Parlement, l'assemblée responsable des représentants du peuple ; et que les sages mesures adoptées par la loi de 1875 avaient encore et plus que jamais leur raison d'être, en considérant surtout le développement actuel des Savings Banks*, qui, pour l'État de New-York, comptent 505 millions de dollars (2.626 millions de fr.), appartenant à 1.325.062 déposants. *Plus les sommes en dépôt augmentent, plus les déposants sont nombreux, et plus il convient de fortifier la sûreté, the first and great consideration of the Savings-Banks.* Ces paroles que nous avons lues d'abord dans les discours du chancelier de l'Echiquier Van-Sittard en 1817, nous les retrouvons dans les rapports récents des superintendents (inspecteurs généraux) des Savings-Banks des États de New-York, de New-Jersey, et autres de la grande République américaine, qui demandent, au nom de l'expérience, et comme un acte de progrès, que les placements des fonds des Savings Banks soient faits exclusivement en *sécurités pupillaires*, c'est-à-dire dans les valeurs indiquées par les lois pour le placement des biens des mineurs, *« les administrateurs des Savings-Banks n'ayant pas le droit de courir un risque d'aucune sorte en faisant des placements ».* (Rapports des superintendants James W. Hyat et Sameul Q. Porter)[1].

Pour la France, l'exemple de l'Angleterre est particulièrement considérable : depuis 1818, où nous avons importé d'Angleterre en France l'institution des Caisses d'épargne, toutes nos dispositions organiques, nous les avons empruntées en Angleterre (sauf la loi de 1845, qui permet à tout déposant de faire acheter sans frais sur son avoir par sa Caisse d'épargne des titres de rentes, et la Méthode des Caisses d'épargne scolaires de 1874, deux organismes que, d'ailleurs nos voisins d'Outre-Manche ont adoptés) ; de telle sorte qu'on peut dire qu'en matière de Caisse d'épargne, les lois, les institutions et les mœurs des deux pays se trouvent d'accord, et que ces deux grandes maîtresses de la civilisation, l'Angleterre et la France, éminentes dans les œuvres

---

[1] La Chambre des députés française, dans sa séance du 11 mars 1893, vient de repousser (par 328 voix contre 146, soit par une rare majorité formée de députés de tous partis) une proposition, qui tendait à diminuer les sûretés dans les Caisses d'épargne. On proposait de créer une certaine espèce d'établissements de dépôts à comptes courants qui, tout en gardant le nom de *Caisse d'épargne*, consacré par la confiance populaire, auraient pu faire emploi des fonds en d'autres valeurs que les valeurs de tout repos. Les pertes de ces fausses Caisses d'épargne auraient certainement affecté, par contre-coup, la confiance populaire dans la parfaite sûreté des vraies Caisses d'épargne; et la crainte que cette proposition aventureuse ne fût adoptée, jointe aux méfiances générales suscitées par les affaires du Panama, a été une des causes de la panique qui a déterminé, dans les Caisses d'épargne, en ces derniers mois, un excédent de retraits de 131 millions depuis le 1er janvier 1893, dont 25.422.370 francs dans la première dizaine du mois de mars.

de finance et de crédit, vont ainsi de conserve dans leur marche au progrès.

En outre de la sécurité absolue, reconnue indispensable pour ces institutions de confiance populaire, on considère que, dans les moments de crise, les valeurs de tout repos permettent *seules* d'emprunter aux banques nationales par avances sur titres, c'est-à-dire de se procurer l'argent nécessaire aux remboursements sans être obligé de vendre, et de vendre à perte, les valeurs du portefeuille de la Caisse d'épargne : solution parfaitement réussie lors de la crise américaine de 1873, comme en 1870-71 en France ; solution favorisée d'ailleurs aux États-Unis comme en France par la *clause de sauvegarde*, qui règle les remboursements par paiements échelonnés, sauf à la Caisse d'épargne la faculté de rembourser à vue en temps ordinaire ; (comme on a procédé en France avec plein succès, sur mes conseils, en 1870-71. Voir mon Exposé de cette crise dans la *Revue des Deux Mondes* du 15 juin 1872.)

A notre époque, où les caisses d'épargne se sont partout si grandement développrées en clientèle et en stock de dépôts, la tendance à la plus forte sûreté possible est générale parmi les hommes d'État les plus autorisés en Europe, suivant les enseignements d'expérience des pays où l'institution a fait depuis un siècle les progrès les plus ingénieux et les plus féconds, tels que l'Angleterre : l'Angleterre où les œuvres philanthropiques (ainsi les habitations ouvrières) et les entreprises économiques (ainsi les coopérations) ont pris de si heureux développements sans demander ni prendre rien aux fonds de dépôts ou de dotàtions des Caisses d'épargne[1].

---

[1] *Capitaux en formation,* possédés par les populations ouvrières d'Angleterre (Royaume-Uni) à la date du 31 décembre 1891 :

Dans les Caisses d'épargne...................... 3.031 millions de francs.
Dans les Friendly Societies (sociétés amicales).... 2.488   —

Total .... 5.519 millions de francs.

Détail des sociétés amicales :

Soc. de Sec. mutuels................... 564 millions de francs.
Assurances............................ 221   —
Coopérations.......................... 381   —
Buildings Societies (Soc. pour les habitations ouvrières entre ouvriers exclusivement) .... 1.322   —

Total pour les Soc. amicales........ 2.488 millions de francs.

PRINCIPAUX TRAVAUX DE M. DE MALARCE

NOTAMMENT POUR LES QUESTIONS RELATIVES AUX CAISSES D'EPARGNE.

L'AMORTISSEMENT EN ANGLETERRE DEPUIS 1786, EN FRANCE DEPUIS 1816, étude historique et administrative, 1858. In-8°.

LE FONDS COMMUN : un nouveau mode de répartition ; — ORGANISATION PAR ROULEMENT GÉNÉRAL DES EMPLOYÉS DES PRÉFECTURES ; — ORGANISATION DES CANTONS EN PERSONNALITÉS ADMINISTRATIVES : projets par M. de Malarce (sous-chef du cabinet du ministre de l'Intérieur), 1858-59.

ÉTUDES HISTORIQUES SUR LES FINANCES PUBLIQUES, amortissements, conversions, emprunts nationaux ; assurances nationales pour la vieillesse et après décès ; crédit foncier, agricole, populaire ; crédit par l'assurance sur la vie ; etc., publiées dans le *Journal des villes et campagnes*, et le *Progrès de Paris*, 1860-67.

L'IMPOT. Conférence faite à l'Asile des ouvriers convalescents, à Vincennes, le 23 février 1868. In-8°.

PLAN D'ORGANISATION POUR LE RÉTABLISSEMENT DE L'ÉCOLE NATIONALE D'ADMINISTRATION EN LA FORME D'ÉCOLE LIBRE complétant par un enseignement spécial les cours de la Faculté de Droit de Paris, formulé par M. de Malarce, ancien élève de l'Ecole nationale d'Administration de 1848, à la suite de la mission scientifique qui lui avait été donnée en 1868 sur sa demande par le ministre M. Victor Duruy, pour étudier en Allemagne, en Suisse, en Belgique et en Angleterre l'enseignement des sciences d'Etat et l'apprentissage administratif. In-8°.

LETTRES SUR NOS FINANCES D'ÉTAT, études critiques, publiées dans l'*Opinion nationale* en 1868-69. In-8°.

DÉPOSITIONS A L'ENQUÊTE MONÉTAIRE de mai-juin 1870, tenue au Conseil d'État. (Imprimerie Nationale. In-4°, 1872.) Résumé du Rapport de mission dont M. de Malarce avait été chargé par le Ministre du Commerce en mars 1870, en Angleterre.

RÉORGANISATION DE NOS FINANCES : Emprunt extérieur, crise financière, libération (1870-71) ;

LA POLITIQUE FINANCIÈRE EN FRANCE ET EN ALLEMAGNE DE 1870 A 1873 extrait de la Revue *le Corresponaant*.

HISTOIRE FINANCIÈRE DE LA DÉLÉGATION DE TOURS ET DE BORDEAUX (1870-71), contenant le projet d'un emprunt extérieur en Angleterre, présenté par M. de Malarce au ministre de l'Intérieur, M. Gambetta, le 1er octobre 1870, et qui fut l'une des bases de l'emprunt extérieur contracté le 22 octobre à Londres. (Extrait du *Correspondant*.)

EXPOSÉ GÉNÉRAL DES MONNAIES (métalliques et fiduciaires), POIDS ET MESURES DES DIVERS ÉTATS DU MONDE : la deuxième édition fut faite sur la demande des ministères des Finances, du Commerce, et des Affaires étrangères ; ouvrage présenté et rapporté à l'Académie des Sciences, le 3 février 1879, et le 27 mars 1882, et à l'Académie des Sciences morales et politiques, le 22 février 1879 et le 23 avril 1882, 1 vol. in-4°. — En 1883, quatrième édition, in-8°. NOTICES STATISTIQUES d'après ces tableaux annuels, sur l'Extension du système métrique décimal et le développement de systèmes monétaires conformes ou concordants, présentées à l'Académie des sciences et appréciées par M. Faye, président du bureau des Longitudes ; 4 février 1889.

Les Caisses d'épargne en Angléterre et en France après la guerre : Moyens d'assurer et de développer l'institution en France. Extrait de la *Revue des Deux-Mondes* du 15 juin 1872.

Assurer et développer les Caisses d'épargne *d'après l'expérience de l'Angleterre, de la Belgique ,de l'Autriche et de la France.* (Extrait du *Journal des Débats*, avril-mai 1876.)

L'organisation administrative des Caisses d'épargne, en Angleterre, en Belgique, en Autriche et en France, in-8°. (Extrait de l'*Économiste français*, février 1874.)

Manuel des Caisses d'épargne scolaires, avec la notice historique, et les modèles de comptabilité et de bons-points-centimes. Première édition en 1874. — Neuvième édition en 1882, contenant le Rapport et les Tableaux statistiques officiels des caisses d'épargne scolaires en France, par la Commission permanente de statistique du ministère de l'Instruction publique. Le Manuel contient l'exposé des motifs et le règlement de la Méthode formulée par M. de Malarce en 1874, après l'étude des divers essais plus ou moins incertains tentés en plusieurs pays depuis 1834 ; cette méthode, qui a fait le succès de l'institution en France et à l'étranger, en transformant des collectes de sous en une institution précise, sûre et éducative, est aujourd'hui adoptée dans les pays d'Europe, aux Etats-Unis, au Brésil et dans les colonies anglaises et hollandaises ; elle se caractérise par la facilité d'opération, la sûreté pour l'instituteur, et le bon effet éducatif : elle a pour *instruments essentiels* le Registre scolaire sur lequel l'instituteur tient et garde note de toutes les opérations de ses élèves (versements d'épargne en espèce ou en timbres-poste, et sommes retirées de la grande Caisse d'Epargne par l'intermédiaire de l'instituteur) ; et le Feuillet duplicata où l'élève suit tous ses actes d'épargne par une comptabilité régulière.

Plus de vingt mille Caisses d'Epargne scolaires ont été ainsi organisées librement en France depuis 1874 (23.980 caisses d'Epargne scolaires, ayant 491.160 écoliers épargnants à la date du 31 décembre 1886).

Le Manuel est basé sur ce principe que la Caisse d'Epargne scolaire n'est pas et ne doit pas être une collecte banale de sous, mais un exercice éducatif, faisant partie intégrante de l'enseignement de l'Ecole, dirigé et commenté par l'instituteur, dans l'école même, apprenant à l'écolier à régler sa vie, et n'exposant d'ailleurs l'instituteur à aucune suspicion compromettante ; tel a été l'avis officiel donné à l'unanimité par le Comité des Inspecteurs primaires du département de la Seine, qui a désapprouvé tous procédés tendant à supprimer le Registre scolaire et le Feuillet duplicata, c'est-à-dire à ôter les garanties de sécurité pour l'instituteur, et à détruire la valeur éducative de l'institution. Tels sont aussi les avis d'expérience consignés dans les rapports des Inspecteurs d'académie aux Conseils généraux lors des sessions annuelles, et dans les vœux du Congrès des Agriculteurs de France qui a considéré l'exercice scolaire de comptabilité comme très utile à préparer les futurs agriculteurs à la comptabilité agricole. Et dans le même sens s'expriment les mémoires présentés au Congrès des institutions de prévoyance par des délégués d'Angleterre, d'Allemagne, d'Autriche-Hongrie, de Suède, de Suisse, d'Italie, de Portugal, etc., et des Etats-Unis et du Brésil.

Monographie de l'institution des Caisses d'épargne scolaires, par M. de Malarce, sur la demande du min. de l'Instruct. publ., 1889.

L'éducation de la prévoyance. Rapport demandé à M. de Malarce par le

Ministre de l'Instruction publique (Extrait du *Manuel général de l'instruction primaire*. 1881.)

Les Caisses d'Épargne scolaires devant les Conseils généraux, revue des rapports des préfets, conseillers généraux et inspecteurs d'Académie dans les sessions d'août 1879-80-81. (Extrait du *Manuel général de l'instruction publique*. 1881.)

Les Caisses d'Épargne scolaires, les Caisses d'épargne : historique organisation, méthode et résultats : articles par M. de Malarce, dans le *Dictionnaire (livraison* 21 et 104-105) de *Pédagogie et d'Instruction primaire*, publié sous la direction de M. Ferdinand Buisson, Conseiller d'Etat, directeur de l'enseignement primaire au Ministère de l'Instruction publique.

Etat de la question des Caisses d'épargne en France. In-8°, juillet 1874. (Extrait du *Journal des Economistes*.)

Missions en Angleterre, Belgique, Hollande, Suisse, Autriche, Italie, etc. (Ministère des Finances), 1875-1888 : un troisième mode d'amortissement en Angleterre depuis 1855, par les Annuités terminables des deux fonds des Caisses d'Epargne : transformation de Rentes perpétuelles (possédées par le Fonds des Caisses d'Epargne ordinaires et postales) en Annuités terminables ; ce qui, de 1855 à 1885, a réduit la Dette nationale anglaise de 1 milliard et demi de francs, par un procédé presque insensible ponr les contribuables, sans dommage pour les fonds de Caisses d'Epargne, et avec grand avantage pour le crédit public.

Emplois des fonds des Caisses d'Epargne ; — Mandats de poste payables au domicile du destinataire; — Circulating-Postal-Notes, Bons de Poste endossables et en sommes fixes. Rapports au Ministre des Finances (1er mai 1875) sur ce projet anglais, réalisé en Angleterre plus tard par le *Postal-orders act*, le 1er janvier 1881, et ensuite en Franco. — *Post-Savings Bank Stamps*, timbres d'épargne de 1 et 1/2 penny (10 et 5 centimes), projet présenté en avril 1875, par M. Charles Dibdin, fonctionnaire anglais, à lord John Manners (le duc de Rutland), Post-master général d'Angleterre ; et par M. A. de Malarce, chargé de mission en Angleterre par le ministère des Finances. Ce projet a été adopté et mis en œuvre pour la première fois en Angleterre, en 1881; et le système s'est propagé sur le continent.

Missions en 1888, pour l'étude des systèmes d'emploi des fonds d'épargne, et sur les Banques populaires, industrielles et agricoles suivant le mode réussi de Schulze-Delitzsch ; et sur les Banques d'épargne et de prêt de Raiffeisen, avortées.

Société des Institutions de Prévoyance fondée à Paris le 14 nov. 1875, par M. de Malarce, sous la présidence de M. Hippolyte Passy, membre de l'Institut, ancien Ministre des Finances, du Commerce, des Travaux publics, président de la Société d'Economie politique (décédé en 1881). Travaux scientifiques de la Société devenue aujourd'hui universelle par le concours de la plupart des économistes, hommes d'Etat et administrateurs de tous les Etats d'Europe et d'Amérique, appliqués à l'étude comparée des législations, organisations administratives, modes d'opération et de comptabilité, bases biologiques (notamment tables de mortalité et de maladie), améliorations, progrès, statistiques, résultats économiques et moraux des institutions de Prévoyance populaire, d'après l'expérience des divers pays du monde civilisé : *Caisses d'Epargne ordinaires et postales, Caisses d'Epargne scolaires, Bureaux d'Epargne des Manufactures et Ateliers, Sociétés de Secours mutuels, Assurances sur la vie, Caisses de Retraites civiles, militaires et populaires, Unions coopératives de consommation, de production et de crédit.*

Institution des Bureaux d'épargne des manufactures et ateliers, créée en 1876 par M. de Malarce (missions afférentes à cette institution, données à M. de Malarce par les Ministères des Finances et de la Marine en 1876-77-79), Manuel avec les modèles de co mpabilité.

Modes et procédés de comptabilité et de controle des Caisses d'Epargne ordinaires (grandes, moyennes et petites) et des Caisses Postales, en Angleterre et Ecosse, Missions du ministère du Commerce en 1877 et du ministère des Finances en 1888.

Commentaire du nouveau code de la Post-Office Saving-Bank du 8 novembre 1888.

Nouvelle loi organique anglaise sur les Caisses d'Epargne (1891, et acts récents sur les Savings-Banks des Etats américains de New-York, New Jersey, etc., pour renforcer la sûreté des opérations des Caisses d'Epargne, 1891.

Diagrammes présentant l'histoire des Caisses d'épargne d'Angléterre et de France : Nombre annuel des livrets, somme annuelle des stocks, nombre des services d'épargne, population, lois, règlements, crises, guerres, révolutions, prix annuel moyen du pain, cours annuel moyen de la rente, etc. In-folio (2 feuilles), présentés à l'Académie des Sciences morales et politiques (mai 1878), et continués jusqu'en 1892.

Discours et rapports de M. de Malarce, sur les institutions d'épargne, les Sociétés de secours mutuels, les Assurances, les Retraites, les Unions de consommation, de production et de crédit, aux sessions du Congrès quinquennal, scientifique, universel, des Institutions de prévoyance, tenu à Paris, en 1878, à 1883 et 1889 et organisé par les soins de la Société des Institutions de prévoyance de France sur la proposition de M. de Malarce, secrétaire perpétuel de la Société (secrétaire général du Congrès).

(Extrait du *Journal officiel* du 6 janvier 1892.)

Le *Times* rappelle les résultats considérables produits depuis trois ans dans les législations et les institutions d'un grand nombre de pays civilisés par le premier Congrès scientifique international des Institutions de prévoyance, organisé en 1878 par les soins de la Société des Institutions de prévoyance de France, sur la proposition de M. de Malarce, et dont les travaux ont été publiés dernièrement par l'Imprimerie Nationale.

Ce congrès avait provoqué l'envoi de six cent trente ouvrages et mémoires sur les lois, les organisations, les méthodes, les formes de comptabilité et de contrôle et les statistiques de ces institutions économiques, ainsi inventoriées et comparées pour la première fois, et par les économistes et les administrateurs compétents dc tous les Etats de l'Europe, des Etats-Unis, du Brésil et de l'Australie, et membres titulaires, associés étrangers ou correspondants de la Société des Institutions de prévoyance de France.

Ce précieux fonds de documents, en partie publié dans le volume des travaux du premier Congrès, a été joint aux Archives de la Société des Institutions de prévoyance, qui réunissent la plus grande somme peut-être existante d'ouvrages et de mémoires relatifs à cette branche des sciences d'Etat, et sont constamment visitées par les hommes d'Etat, les économistes et les administrateurs, étrangers et français, de plus en plus nombreux, appliqués à ces études.

Le *Times* ajoute que pour la seconde session de ce Congrès (qui aura lieu par période de cinq ans, en 1883, juillet), des travaux sont annoncés en préparation dans tous ces pays, et promettent aussi bien pour ce second inventaire quinquennal, qui montrera aux divers peuples, pour les guider, aux lumières de·la science expérimentale, les nouvelles améliorations et réformes tentées, dans tous les Etats civilisés du monde.

— Dans le compte rendu publié (juin 1883) par le *Journal officiel* de la dernière séance de l'Académie des sciences morales et politiques, nous lisons :

M. le secrétaire perpétuel (M. Jules Simon) signale, parmi les publications offertes en hommage à l'Académie, le *Compte rendu du premier Congrès scientifique universel des institutions de prévoyance*. Ce volume contient les travaux de la première session quinquennale du congrès, fondé en 1878, sur la proposition de M. de Malarce, par la Société des Institutions de prévoyance, dont le président était alors M. Hippolyte Passy. La seconde session aura lieu cette année, du 9 au 16 juillet.

Ce congrès, dans la pensée de ses fondateurs, est surtout destiné à provoquer un inventaire permanent des institutions de prévoyance. Il a réuui, en 1878, de dix-neuf Etats de l'Europe, des Etats-Unis et du Brésil, six cent trente documents importants, qui sont déposés à Paris aux archives de la société; et l'on peut hardiment attribuer à son influence le développement des institutions de prévoyance en Europe et en Amérique.

(Extraits des comptes rendus relatifs au 2ᵉ congrès quinquennal.)

La 2ᵉ session du Congrès a eu lieu les 9-16 juillet 1883 au palais du Trocadéro : M. Léon Say a constaté dans le discours de clôture, l'importance plus considérable encore de cette seconde session. Pour cette session, plus de deux mille six cent documents ont été présentés ou envoyés au Congrès.

M. le docteur Leffler, sénateur de Suède délégué du gouvernement suédois, et Conseil administratif du Ministère des Finances de Suède, a remercié, au nom des délégués étrangers, M. le Président et M. le Secrétaire général en déclarant que tous seront fidèles et empressées au rendez-vous de la troisième session, et il a rappelé l'action de M. de Malarce, qui non seulement a rallié cette association d'élite d'hommes d'Etat, d'administrateurs et de savants de tous les pays du monde civilisé, et formé ce bel inventaire universel des institutions de prévoyance, teuu à la disposition de tous les hommes de science ou de bien, mais qui a toujours été prêt à se rendre à l'étranger, comme conseiller des gouvernements et des peuples, pour les projets de loi ou les organisations d'intérêt populaire ou général.

On s'est séparé sur ces mots, acclamés de tous : Au revoir, à la troisième session en 1889 !

— Sir Charles W. Sikes, l'auteur du premier projet de la caisse d'épargne postale en 1859, l'ami et le coopérateur de Rowland Hill et de M. Gladstone, est venu, malgré son grand âge, au Congrès, où (a-t-il dit), il avait eu à cœur, avant de mourir, de venir s'asseoir parmi les plus éminents promoteur de l'institution des Post-office savings banks, et notamment auprès de M. de Malarce, qu'il a appelé son savant, habile et heureux disciple. Sir Charles W. Sikes a fait don à M. de Malarce d'une collection de documents relatifs aux réformes postales en Angleterre, et que M. de Malarce a joints aux documents nombreux (six cents pour le congrès de 1878, et plus de deux mille six cents pour le congrès de 1883) qui forment les précieuses Archives des institutions de prévoyance, constamment visitées par les hommes d'Etat, les économistes, les administrateurs les chefs d'industrie, les étudiants, les ouvriers, de France et de l'étranger, de plus en plus nombreux appliqués à ces études de la science expérimentale pour assurer dans les lois et les institutions les progrès sociaux, loin des entreprises hasardeuses et des utopies.

A la 3e session quinquennale, en 1889, le Congrès a réuni près de quatre mille documents. Les séances ont été présidées par M. Jules Simon ; M. le conseiller d'Etat de Russie, Anton de Nagorny ; M. le Très Hon. Hugh Childers, M. P., ancien chancelier de l'Echiquier d'Angleterre ; M. le baron T"Kint de Roodenbeke, président du Sénat de Belgique, ministre d'Etat ; M. Frank Lombard président de la Société d'Utilité publique (Genève) ; M. l'Hon. John Pomeroy Townsend, président à la Bowery Savings Bank de New-York ; MM. Ravà, Arnaudon, Lebrecht et Gonzaga (Italie); M. Ruiz y Taulet et Bastinos (Espagne) ; M. B. Riédel, secrétaire général de la S. Tot. Nut vant' Allgeemen [des Pays-Bas ; M. le président Roy (de la cour des comptes) et M. de Malarce.

Etudes comparées de législation et d'administration sur les Caisses d'épargne par les Postes en Angleterre, Belgique, Italie, Hollande, Autriche, Suisse et France. In-8º, 1879. Extrait du *Journal des Economistes*.

Les services d'épargne populaires. Caisses d'épargne, Caisses d'épargne scolaires, Bureaux d'épargne de manufactures et ateliers. (Extrait de la *Revu générale d'administration*, avril-mai 1879). Ce travail a été envoyé par la Direction départementale du Ministère de l'Intérieur, à tous les Conseils généraux.

Rapports des missions scientifiques et administratives de 1868-70-73-75-77-82-83-85-87-88 de M. de Malarce et ses dépositions devant les commissions parlementaires de la Chambre des députés et du Sénat en 1880 et 1881 : Législation et organisation des Caisses d'épargne ordinaires, militaires, navales, manufacturières et des Caisses postales à l'étranger, notamment en Angleterre ; exposé du système administratif de la Post-office saving Bank : livret national ; question de l'admission des femmes et des enfants mineurs aux Caisses d'Epargne au point de vue du droit civil, de l'économie politique et de la morale ; clause de sauvegarde ; cartes et timbres d'épargne (de 5 et 10 centimes) ; confontration périodique, annuelle, des livrets et du grand-livres des comptes courants et avis immédiat du Post-master général au déposant à tout versement : moyen de contrôle reconnu le plus simple et le seul efficace par l'expérience des Caisses ordinaires et postales en Angleterre, et qui doit remplacer en France le système des « timbres de contrôle » (système facile ans fraudes, dangereux pour la responsabilité des employés honnêtes, et condamné en 1866 comme dans le nouvel essai qui en a été fait de 1882 à 1885 ; confronter le Rapport de la cour de 1887, et le Nouveau code de la P. O. S. B. de 1888.) *Pass Word*, *mot de passe*, pour assurer l'identité des déposants. Questions du taux de l'intérêt, du placement et de la gestion des dépôts d'épargne. (Extrait du *Journal des Débats*, du *Petit Journal*, du *Journal des Economistes*, de l'*Économiste français* et de la *Revue des Postes*.)

Conférence faite par M. de Malarce le 6 juillet 1882 a l'Association des voyageurs et des commis du commerce et de l'industrie sur les Institutions de Prévoyance : Epargne ei assurance. In-8º, 1882.

Discours prononcé par M. de Malarce dans diverses sociétés de secours mutuels à Paris et dans les départements, sur les améliorations et les réformes désirables dans les sociétés mutuelles : admission des femmes ; statistiques des morbosités ; organisation des bureaux de sociétés comme agences intermédiaires entre les associés et la Caisse nationale des retraites pour versements individuels et volontaires sur livrets individuels ; pharmacies coopératives ; les visiteurs ; les médecins ; intérêt financier autant que social des sociétés mutuelles à la vie sobre, saine et réglée de ses membres ; utilité des membres non participants comme conseillers et instructeurs administratifs des membres participants; rôle des Sociétés mutuelles, comme écoles administratives du peuple; caractère purement économique des sociétés mutuelles, considérées comme des Caisses de compensation, etc.

DISCOURS PRONONCÉ PAR M. DE MALARCE A STOCKOLM LE 9 SEPTEMBRE 1882, en présence du roi de Suède et Norwège et des notabilités scientifiques, politiques et administratives de Suède, sur les institutions de prévoyance, notamment les caisses d'épargne scolaires et postales, les assurances, les sociétés mutuelles, les unions de consommation et de crédit, et les habitations ouvrières. M. de Malarce avait été invité à faire ce voyage en Suède pour étudier les institutions économiques de ce pays, et contribuer à préparer certaines lois et organisations d'économie politique et sociale (notamment la création d'une Caisse d'épargne postale, qui a été mise en œuvre le 1er août 1883.)

MANUEL DES CAISSES D'EPARGNE (ordinaires et postales) en France. 1 vol. in-8o, 1883, par M. de Malarce, inspecteur-conseil au ministère des Postes depuis l'etablissement de la Caisse d'Epargne postale en 1882.

HISTOIRE, STATISTIQUE ET EXPOSÉ LÉGISLATIF ADMINISTRATIF ET ÉCONOMIQUE DE LA CAISSE NATIONALE DES RETRAITES POUR LA VIEILLESSE DE 1850, 1884.

CONFÉRENCES SUR L'HISTOIRE, LA MÉTHODE ET LE DÉVELOPPEMENT DE L'INSTITUTION DES CAISSES D'EPARGNE SCOLAIRES dans les divers pays d'Europe, d'Amérique et d'Australie, faites à l'Ecole des normale instituteurs, à Paris, le 7 mars 1884, et le 16 mars 1887 (en présence de membres de l'Enseignement, du Corps diplomatique et du Parlement; parmi lesquels M. Carnot, auj. président de la Rép. fr.); — à la Réunion internationale de l'Education, tenue au palais de South-Kensington en août 1884 sous le patronage du Prince de Galles et la présidence de lord Carlingford, président du Conseil d'éducation du Royaume-Uni; et en mai 1888, sous la présidence de l'amiral Ruxton et du cardinal Manning, membre du Conseil d'Education d'Angleterre.

NOTE EXPOSANT UN PROJET DE BAINS POPULAIRES, par l'utilisation des sources d'eau et de chaleur des manufactures, présenté au Congrès international d'hygiène à Londres, en août 1884; combinaison bientôt adoptée en France par des manufactures de l'Etat, et par des industriels en France, Angleterre, Italie, etc.

LES ORIGINES DE LA SOCIÉTÉ DE STATISTIQUE DE PARIS, mémoire lu à la Réunion internationale du 15 juin 1885 à l'occasion du vingt-cinquième anniversaire de la Société.

LES ORIGINES DE L'INSTITUTION DES CAISSES D'EPARGNE, mémoire lu à l'Académie des sciences morales et politiques, le 14 mars 1890.

LE CRÉDIT AGRICOLE RÉSOLU par SCHULZE-DELITZSCH, discours prononcés au Congrès agricole international le 6 juillet 1880 à la présidence de la Chambre des Députés, et à l'Assemblée générale annuelle de la Société des Agriculteurs de France, 1891.

— HISTOIRE DES SALLES D'ASILE EN DES ASILES-OUVROIRS, 1855. In-8o.

LE BILAN DU TRAVAIL EN FRANCE. Etude de statistique. 1889. In-8o.

LA FRANCE MORALE, ou moralité comparée des diverses régions de la France, d'après les statistiques judiciaires et d'autres documents officiels; avec une carte géographique de la France morale. Mémoire lu le 6 août 1860, à la 1re séance de la *Société de statistique de Paris*, par M. de Malarce, l'un des fondateurs de la Société de statistique de Paris. 1860, 2e édition. In-8o.

CARACTÈRE ÉCONOMIQUE DES CRÈCHES. Discours prononcé à l'inauguration de la crèche payante de Vitry-sur-Seine, le 1er décembre 1861, par M. de Malarce, actuellement l'un des doyens du Conseil d'administration de la Société des Crèches. In-8º.

LES ÉCOLES PROFESSIONNELLES D'ART DÉCORATIF POUR LES JEUNES FILLES South-Kensington en Angleterre; Notre-Dame-des-Arls en France, 1865, in-8º. 4e édition en 1868; — rapport de mission y relative du ministère du Commerce, en mars 1870.

PLAN D'UNE BIBLIOTHÈQUE POPULAIRE rédigé sur la proposition de M. de Malarce par un Comité composé de M. Michel Chevalier, président, et MM. Arlès-Dufour, Boinvilliers, A. Cochin, Jean Dollfus, Latour du Moulin, A. de Malarce, Général Mellinet, P. Mérimée, Emile Ollivier et M. de Talhouet, 1865.

MOUVEMENT DES INSTITUTIONS OUVRIÈRES DEPUIS VINGT ANS. Discours prononcé à la Sorbonne, le 5 mai 1866. In-8.

DES CRÈCHES d'après l'enquête ouverte à l'Exposition universelle de 1867. Discours prononcé à la Sorbonne, le 2 avril 1867. In-8.

DÉPOSITION à l'Enquête de l'Assemblée nationale de Versailles en 1873 sur les questions ouvrières, 1 vol. in-4º.

CARACTÈRE ÉCONOMIQUE ET VALEUR SPÉCIALE DES INSTITUTIONS DE PRÉVOYANCE AUJOURD'HUI DISTINCTES DANS LE BUT ET LES MOYENS D'ORGANISATION ET D'ACTION DES INSTITUTIONS DE BIENFAISANCE. Discours prononcé par M. de Malarce au Congrès de Bruxelles en 1876.

LES ÉTABLISSEMENTS DE BIENFAISANCE, LEUR ORGANISATION EN FRANCE; — LA BIENFAISANCE ET LA PRÉVOYANCE; — LES CRÈCHES COMME ÉCOLES NORMALES DES MÈRES ET DES SERVANTES; trois discours prononcés par M. de Malarce, vice-président d'honneur au Congrès international de Milan de 1880.

— BIBLIOGRAPHIES, par M. de Malarce, de sir Edward Chadwick, sir Charles Sikes, Otto Haussner, J. de Bruyn-Kops, Franz Déak, Schulze-Delitzsch, A. de Ourém, Ramirez, Rio-Branco, Q. Sella, Wallenberg, Viganó, Engel-Dollfus, Vansittart-Neale, Hippolyte Passy, Michel Chevalier, Hippolyte Carnot; — présidents et vice-présidents du Congrès scientifique universel des Institutions de Prévoyance. (Plusieurs de ces notices ont paru dans le *Journal des Économistes*.

Extrait de notices sur l'œuvre de M. de Malarce.

A l'occasion d'un discours prononcé à la Sorbonne par M. de Malarce sur l'action morale des institutions d'intérêt populaire, qu'il faut surtout diriger dans ce sens qu'elles apprennent au plus modeste travailleur à régler sa vie, à fortifier sa volonté, sa vertu, par la résistance habituelle à des attraits futiles ou mauvais; à aménager ses ressources en vue de prendre responsabilité digne de sa subsistance et charge dévouée de sa famille, — M. Victor Duruy, ministre de l'Instruction publique, adressa à M. de Malarce, le 4 novembre 1866, les hautes réflexions suivantes :

« ..... Quand je réprésente la diffusion des lumières comme la conséquence « nécessaire de notre nouvel ordre social et des conditions nouvelles du tra- « vail:....., j'ai l'air de ne m'occuper que de produire de la sécurité publique et « de la richesse. Je vise plus haut, Monsieur, sans le dire, parce qu'on m'écou- « terait moins. Mais toutes les richesses de la terre, toutes les merveilles de « l'industrie ne me paraissent que d'infiniment petits à côté de la grandeur

« morale. La première parole que j'ai prononcée en prenant possession du
« ministère, c'est que, chargé de l'éducation du pays, je devais faire des
« hommes. Comme vous, je pense que la meilleure manière d'y réussir sera de
« ranimer les sentiments de famille et de fortifier les énergies morales..... »

En mars 1878, au Collège de France, M. Michel Chevalier, dans son cours
d'Economie politique, exposait les progrès de ces Institutions d'épargne et de
prévoyance depuis quelques années: « progrès, disait l'illustre économiste, qui
« sont sans précédent dans l'histoire des institutions économiques, et que les
« hommes d'État et les savants étrangers constatent en France avec un sen-
« timent d'admiration, mais aussi avec un peu d'étonnement. C'est que ces
« progrès sont dus, pour une grande part, à l'action d'une libre initiative, et
« que les Français se rencontrent trop rarement doués de cette faculté. Aussi
« bien, je dois faire ressortir ici, avec une certaine satisfaction patriotique, les
« services considérables qu'a rendus et que rend chaque jour M. de Malarce
« par les améliorations et les réformes qu'il a fait introduire dans les institu-
« tions de prévoyance, et par l'exemple fécond qu'il a donné d'une initiative
« aussi infatiguable qu'intelligente et heureuse. »

Le doyen vénéré des sciences d'État en France, M. Hippolyte Passy, qui avait
été trois fois ministre, et qui fut de 1875 à 1881 (date de sa mort), le président
de la Société française et du Congrès universel des institutions de prévoyance,
signalait, dans un discours à la session de 1878, tout ce qu'il faut d'énergie
tenace, résolue et patiente, de tact habile et de prudence avisée, contre les
obstacles et les manœuvres de toute sorte toujours opposés à qui entreprend
une grande tâche de pur intérêt public ; et s'adressant à M. de Malarce, dont il
suivait d'une sollicitude comme paternelle la lutte pour les sages progrès
sociaux, il lui disait : « Courage ! Marchez toûjours. Vous rallierez de plus
en plus des collaborateurs et des amis, qui formeront un jour autour de uous
une légion, une armée... » Ce vaste concours d'hommes de savoir et de dévouement public est venu de tous les points de la France, de tous les pays du
monde, pour justifier les encourageantes paroles du vieil homme d'État.

Après le Congrès de 1878, M. Gambetta disait à M. de Malarce ces paroles,
publiées par ses soins : « Vous avez fait une grande chose, par ce congrès
« scientifique universel des institutions de prévoyance, vous avez fait plus
« qu'un inventaire précieux des institutions sociales propres aux travailleurs ;
« vous avez montré en principe et en pratique une méthode, la méthode expé-
« mentale, la méthode des expériences comparées de tous les peuples ; et cette
« méthode de progrès écarte les fous et les rêveurs, rallie et arme les seuls
« hommes sensés et puissants pour le bien du peuple : par là, vous êtes la
« science sociale en verbe et en action. »

Eu août 1880, les Cortès portugaises ayant voté une loi pour la création
d'une Caisse d'épargne nationale, le ministre promoteur de cette loi, M. H. de
Barros-Gomès, rappelait en ces termes le concours donné par M. de Malarce :
« Si notre pays tire bon profit de cette création, comme j'en ai l'espoir, une
« part très grande dans la reconnaissance publique devra en revenir à M. de
« Malarce, dont les savants travaux ont été un des éléments d'étude les plus
« importants dont nous ayons profité. »

En 1882, un chef d'État connu pour son esprit profond, sage et vigilant, attentif aux faits et au courant d'idées de tous les pays, le roi Oscar II de Suède, recevait à son palais de Stockolm M. de Malarce et lui faisait observer comment une méthode scientifique (la *Méthode* du Français Descartes, mort à Stockolm) avait transformé la pensée humaine et pour des siècles ; et comment la Méthode Baconienne, la Méthode expérimentale, qui depuis cent ans a si bien servi les progrès des sciences physiques, peut aussi bien servir les sciences économiques et morales, ainsi que l'avait prouvé le Congrès scientifique universel des institutions de prévoyance, en montrant quels progrès les peuples pouvaient faire sans se risquer aux utopies, aux entrepris aventureuses.

L'éloquent et ingénieux économiste italien, M. Luzzati, M. P., dans un discours à la première session du Congrès, en 1878, disait :

« Il y a aujourd'hui une science de l'épargne, dont nous connaissons tous les
« les organes délicats, toutes les fibres intimes ; nous pouvons les analyser et
« les comparer comme fait le naturaliste ; nous pouvons en tirer des lois, qui
« sont aussi sûres que les autres lois économiques. L'objet de ce Congrès
« justement de faire un exposé scientifique de tous les organes divers de la
« prévoyance humaine, qui tendent à ce même but : l'amélioration des mœurs
« et du bien-être des classes ouvrières... Il ne faut pas se contenter de théo-
« ries, mais faire des analyses minutieuses et précises de toutes les organisa-
« tions expérimentées. Au nom des étrangers, je remercie notre secrétaire per-
« pétuel : je dis « notre », parce que nous voulons rester associés à jamais à
« cette œuvre du Congrès, à notre secrétaire perpétuel, qui en a pris l'initia-
« tive, et qui, unissant le dévouement public à la science la plus sûre et la
« plus éclairée, est l'homme le plus digne de poser et consolider les bases de
« cette science de l'épargne qui s'adresse en même temps au cœur et à l'es-
« prit des ouvriers. »

En octobre 1883, un compatriote de Franklin, M. le Rev. Dr Tyng, célèbre prédicateur des Etats-Unis, après avoir séjourné deux ans en Europe, résumait dans un discours, à New-York, ses impressions de ce long voyage, et disait en parlant de la France :

« ... Ce pays est réellement fort par son système d'épargnes, dont l'organisa-
« tion s'est beaucoup développée dans ces derniers temps... A un étage élevé
« dans la rue de Babylone, à Paris, bien loin des boulevards, vit un savant
« français, M. de Malarce, entouré et commé submergé de documents qui
« lui arrivent de tous pays. Je l'ai souvent visité là, dans sa demeure soli-
« taire, où viennent s'entretenir bien des étrangers éminents ; et j'ai vu com-
« ment il avait formé et répandu par toute la France, et plus loin encore,
« l'institution des Caisses d'épargne scolaires, l'éducation économique pratique
« dans l'école, et ensuite propagé sur le continent d'Europe la caisse postale
« anglaise, et donné plus d'extension et de perfectionnement à toutes les autres
« institutions de prévoyance. Ainsi, — ce qui paraîtra à quelques-uns nouveau
« en France, — voilà un homme guidant la pensée de la nation, dans la soli-
« tude de sa retraite, et contribuant par là à la force morale et à la richesse du
« peuple...

« Les étrangers qui passent à Paris ne voient guère souvent que la partie
« de la population étincelante, bruyante, dont s'animent les échos de la chro-
« nique, et l'on est tenté de confondre avec ce monde du plaisir la population

« parisienne. Mais, à examiner de plus près, on reconnaît qu'il n'est peut-être
« pas de ville où la population soit plus laborieuse, dans les travaux de la pen-
« sée comme de la main : ne confondons pas le régiment avec la musique du
« régiment. »

Le 15 octobre 1884, le commandeur Jean de Hassinger, docteur, médecin-major
général, ancien chef du corps d'officiers des médecins militaires d'Autriche,
président de la Krippen-Verein, envoyait à M. de Malarce, au nom de la Krippen-Verein de Vienne (Autriche) un témoignage ainsi formulé : « Parmi les
« noms des personnes vouées au service public, le vôtre est au premier rang.
« Outre le concours le plus actif et le plus savant que vous donnez aux institu-
« tions de prévoyance, vous êtes aussi depuis longtemps l'un des membres les
« plus dévoués du Conseil d'administration de la Société des crèches à Paris ;
« et c'est de haute voix et avec le plus grand succès que vous défendez et éclairez
« les intérêts de toutes ces institutions devant l'auditoire des congrès interna-
« tionaux en Europe, qui eux-mêmes sont un honneur pour la seconde moitié
« de notre siècle. »

Le 27 octobre 1885, M. John Pomeroy Townsend, l'un des présidents de la
Bowery Savings Bank de New-York (la principale Caisse d'Epargne de toute
Amérique), président de l'American maritime Association, l'un des fondateurs et des présidents de l'Association permanente universelle du Congrès
scientifique des institutions de Prévoyance, écrivait à M. de Malarce, en l'invi-
tant, au nom de ses amis, à visiter l'Amérique :
« Vous pouvez être félicité de ce que partout sont recherchés et mis à profit
« vos services, si précieux aux peuples de France et d'Europe, et aussi au
« peuple d'Amérique, qui vous doit également une dette de gratitude. L'effet de
« vos travaux pour le bien de ces peuples continuera longtemps après que vous
« ne serez plus. Votre nom et vos œuvres sont estimés ici autant que dans votre
« bien-aimée France. Nous saluons en vous le compagnon de travail de nos
« organisations sociales. Puissiez vous vivre bien des années encore ! pour pro-
« longer votre action utile, et jouir des bénédictions de vos collaborateurs et de
« tant de travailleurs dont vous aidez la fortune et le progrès moral ! On en-
« tend si souvent parler d'erreurs et d'insuccès dans l'économie politique, que
« c'est fortifiant de rencontrer des œuvres bonnes et des voies sûres, ainsi éclai-
« rées par la science et sous l'inspiration du dévouement public... »

Le 30 mai 1888, le duc de Rutland (lord John Manners), ancien Post-master
général du Royaume-Uni, ministre d'État, l'un des présidents du Congrès universel des Institutions de Prévoyance, adressait à M. de Malarce, à l'occasion
de ses derniers travaux scientifiques et administratifs, une lettre qui conclut
ainsi :
« Vous avez fait le monde votre débiteur, par l'énergie infatigable, la science
« et l'habileté avec lesquelles vous avez, depuis tant d'années, poursuivi vos si
« utiles, et désintéressés travaux. Croyez-moi donc toujours votre sincère ami.
« (Signé) Rutland.

EN PRÉPARATION :

Histoire générale des Caisses d'épargne.

Les Institutions de prévoyance d'après les premières sessions quinquennales (1878, 1883 et 1889) du Congrès scientifique universel, au point de vue de l'intérêt français; conférences faites au Conservatoire national des Arts et Métiers, déjà publiées en partie.

La Banque de France depuis le 15 juillet 1870 jusqu'au 31 décembre 1877.

Mission scientifique en Autriche. — Pensions de retraites du Lloyd. — Institutions économiques du Süd-Bahn.

Les Caisses de retraites et autres assurances pour les ouvriers.

Les Unions de consommation ; — les Banques populaires, industrielles et agricoles de Schulze-Delitzsch.

Paris. — Typ. A. DAVY, 52, rue Madame. — *Téléphone*